슬픔을 이기는 방법

최해춘 시집

서정시학 시인선 155

서정시학

고요를 한 줌 퍼내고
빈 마당에 다시 심는 패랭이꽃
한 포기

— 「다시 심는 패랭이꽃」 부분

슬픔을 이기는 방법

시인의 말

"詩와 함께 사는 것 보다
詩와 함께 죽었으면 싶다"

혹여,
바쁜 일상을 쪼개어 저의 시집을 펼치실 분들에게
미리 감사의 말씀을 드립니다.

최해춘

차 례

시인의 말 | 5

제1부

눈 내리는 새벽 | 13
초가집의 시간 | 14
다시 심는 패랭이 꽃 | 16
태풍의 언덕 | 18
꽃밭에서 | 20
겨울 목련 | 22
오 일 장터 | 23
무심無心 | 24
눈빛 포옹 | 25
독백 | 26
용담정 | 27
호미곶 | 28
통증 | 29
노을 | 30
빛 | 31
춘몽春夢 | 32

제2부

등 | 35
물봉선화 | 36
꽃무늬 모자 | 37
아들에게 | 38
모성 | 40
뱁새와 동생 | 42
준이와 이모와 터닝메카드 벽화 | 44
일몰의 시간 | 45
따뜻한 이별 | 46
당신의 잠 | 47
사랑채 | 48
기일忌日 | 49
외가 | 50
입소문 | 51
꽃그늘 등에 지고 | 52

제3부

소 | 57
마지막 건배 | 58
보름달과 숨바꼭질 | 59
예민한 골목 | 62
광어와 넙치 | 64
슬픔을 이기는 방법 | 66
이화하숙 | 67
꽃밥 | 68
막노동, 하루 | 69
모래알 | 70
연극 같은 하루 | 71
삶 밖의 일 | 72
북채가 우는 밤 | 73
방파제 | 74

제4부

등대 | 77
시월 | 78
겨울 | 79
빙벽 | 80
한나절 봄날 | 81
봄바람 | 82
가을 | 83
날아라, 토룡 | 84
오랜 고행 | 85
수평선을 향하여 | 86
까치가 있는 풍경 | 87
공空 | 88
애월항 | 89
금장낙안 | 90
견인구역 | 91
네 송이 해바라기 | 92

해설 | 달을 씹어 먹는 시인 **김선학** | 95

제 1부

눈 내리는 새벽

온 누리 하얗게 질린 새벽
밤새 퍼붓던 폭설은 큰 무덤 한 채 세상에 내려놓았다
부장품처럼 갇혀버린 세상사 풍경들
고요 속 서러움이 되었다
맵찬 바람 하늘을 쥐어뜯을 때
벼린 칼날처럼 부서져 내려 눈으로 덮어 버린 땅
먼저 간 사람은 추억으로 남고
세상은 또 산 자의 몫
눈 덮인 무덤 위에 참회의 편지를 쓰며
경계가 지워진 길에서
다시는 길을 잃지 않으려 마음 다 잡는다
욕망의 흔적 하얗게 지워버리고
다시 쓰고 싶은
폭설에 묻힌 세상의 민낯
들여다보면 구구절절 사연들 참, 많을
눈 내리는 새벽은
살아 있음도 송구하여 머리 숙이는 새벽이다

초가집의 시간

초가집 한 채 품어주던 대나무 숲
이젠 깊은 바다가 되었다
바다 속 시간의 마디엔 석양에 물든 길 저물어 있어
심장은 텅 빈 울음통이다
어느 항구에도 닿지 못하는 파도의 몸부림은
무시로 숲의 울음통을 열어버린다
천길 절벽 밀고 가던 마음 힘에 부칠 땐
귀신고래처럼 뒤척여 보지만
배 한 척 들지 않는 고립무원의 바다
수억 개의 대나무 잎 하늘 향해 귀를 열고 있다
숲의 바다는 텅 빈 울음통 끌어안고
초가집과 함께 늙어갔다
백 년에 한 번쯤 멸치 떼 몰려오듯 대나무 꽃 피면
저문 길 따라 배가 들어오고
허기진 항해 위로하며
굴뚝에 피어오를 하얀 연기는 또 오랜 기다림을 품을 것이다

<
대나무 숲 병풍처럼 펼쳐진 초가집의
삶은 저물었다
오늘 밤도 숲의 바다에 풍랑이 인다

다시 심는 패랭이 꽃

어둠은 찰랑거림도 없이 지붕 아래 숨어있었다
고요하게 그리고 은밀하게,
패랭이 꽃잎 닮은 쥐들의 발바닥 가끔 고요를 밟고 뛰어다닐 때
마당 가득 핀 개망초 꽃들 영역을 넓히고 있었다
일 년 내내 닫히지 않던 철 대문
오랜 기다림 내려놓지 못한 채 시간의 마디에 끼어
쓸쓸히 녹슬어 갔다
어느 밤이었을 것이다
어둠이 지나가는 지붕 위로 야윈 달 흘러갈 때
어둠이 숨어 있던 지붕 아래는 시간의 흐름 멈추었을 것이다
쥐들이 일으켰던 소란에도 빈 집의 침묵은 깊어지고
마침내 배고픈
쥐들은 문지방을 넘었을 것이다

쥐들은 다 어디로 갔을까

<
벽에 걸린 액자 속 얼굴들은 어디로 사라졌을까

고요를 한 줌 퍼내고
빈 마당에 다시 심는 패랭이꽃
한 포기

태풍의 언덕

태풍에 물어뜯긴 비닐하우스 뼈대만 앙상하다
높게 날아오르던 비닐의 펄럭거림 바위언덕에서 숨을 고른다
거친 바람에 놀란 비닐은
다시 결사적으로 달아나려하지만
바위언덕 굽은 소나무 손 내밀며 옷깃 잡고 놓지 않는다
결사적 도망과 필사적 다독임 있는
바위언덕으로 우르르 몰려드는 아귀 같은
바람의 몸부림을 보며

서른의 내 나이가, 아니
마흔의 내 나이가 저 비닐이었다면
지금의 내 나이는
거친 몸부림도 끌어안는 바위언덕쯤 될 수 있을까

태풍이 지나가는 들녘에 서서
아귀 같은 바람과
상처들의 아우성 온몸을 때릴 때

태풍의 진원지가 내게도 있음을 곧 알았다

태풍을 몰고 오는 바람은 바로 나였다

꽃밭에서

사내는 그녀 가슴에서 붉은 열매를
훔쳐 먹고 갔다
도둑맞은 가슴 오랫동안 보랏빛 꽃 피어있었다
진한 향기 뿜으며
속살 깊은 곳까지 박힌 뿌리는 몸살을 앓았다

사내의 소식 전하는 우체부 무시로
다녀가곤 했다
너무 많은 편지가 배달되어
침대 머리맡이나 창 너머 공원 벤치에 쌓이고
나뭇가지에 걸려있었다
다 읽지 못한 문장은 풀벌레와 새들 훔쳐 읽으며
몸을 붉혔다

하루해는 붉은 산다화로 피었다 땅거미 질 무렵
툭, 목을 꺾었다

사내는 그녀 새벽잠 속으로 걸어왔다

뜨거운 가슴에서 훌쩍 쏟아지고 꽃밭에서 온갖 꽃들
다투어 피기 시작했다
굵은 땀방울 꽃밭을 일구어 갔다

겨울 목련

목련 꽃망울 겨울 지나는 가지
바람에 날려가던 검은 비닐봉지가 걸렸다
촛불모양 꽃망울과 꽃망울 사이
주둥이 벌리고 마른 햇살 모아 촛불을 켜려한다
비닐봉지의 펄럭거림
매서운 바람에 쿨룩거리며 안간힘 쓴다
봄은 아직 저 멀리 있는데
꽃망울 피워버리면
아무도 감당 못할 아픔뿐일 계절
몸을 웅크린다
찬바람 뚫고 날아 온 새 한 마리
목련가지 통통 튀어 다니며
맑은 지저귐 한 조각 비닐봉지에 담는다
바람과
햇살과
새들의 지저귐까지
담아낸 비닐봉지 펄럭거릴 때마다
목련 촛불 심지를 조금씩 올리고 있다

오 일 장터

벙거지 모자를 쓰고 도수 높은 안경을 낀
초로의 사내 튀밥을 튀기고 있었다
추억 속 풍경 짠한데
벙거지 모자 얼굴에 겹쳐지는
그의 어린 날 모습
동네 꼬마들 모아놓고 큰소리 뻥! 뻥! 날리며
놀이 규칙도 마음대로 정하여
온 동네 휘어잡던 어린 독재자가 거기 서 있었다
홀어미와 홀연히 마을 떠난 후 추억 속에 남은 아이
큰소리로 뻥이요~
오 일 장터를 휘어잡고 있었다
튀밥은 풍성하게 쏟아지고
그는 연신 곡물 담긴 됫박 줄을 세웠다
부푸는 튀밥처럼
그의 일생도 뻥뻥 튀겨지기를 소망해 보는데
뻥이요,
뻥!
사는 게 모두 뻥이라고 말하는 듯했다

무심無心

고개 돌린 잠시, 어제 핀 꽃
지고 말았네
무심한 마음 그걸 알지 못했네

사랑도 그렇게 지고 말았네
마음에 피었다 지고 말았네

잠깐 사이였다네, 피고지고 하는 일은

하지만 영영 못 잊어 하는 것은
사랑이라네
가슴에 새겨진 당신 모습이라네

눈빛 포옹

해맑은 미소가 얼굴에 가득하다
오래전 떠난 영감 얼굴도 잊었다며 난감해 하던
입가에 함박꽃이 피었다
마주 앉아 토막토막 말동무 하다
예순의 딸과 미수의 어머니가
눈빛 포옹 하는 순간
요양병원 병실 환하게 밝아지며
황혼의 모정 붉게 물들고 있다
애달픈 마음에
저미듯 파고든 그리움
침침한 삶 촉촉하게 적시고 있을 때
단풍든 가로수 어느새 바랜 채
창밖에 매달려 있다
간당간당한 몇 개의 단풍잎에 눈길을 얹고
옛날을 더듬을 때
다시 침묵의 시간이 오고
요양병원 서둘러 겨울 속으로 빠져든다

독백

거울을 물끄러미 바라보던 할머니
하루 종일 걸어 닫았던 입의 빗장을 풀며

　－거기서 뭐 하능기요, 퍼뜩 이리 나오소, 내캉 이바구 좀
하고 놀다 가이소. 예,－

애걸복걸 손님을 청한다

거울 속 할머니도 사람이 그리웠는지
똑 같은 입 오물거리며
한 치 시차도 없이 대꾸하는 적막한 대화

용담정

이스라지 빨갛게
익어가는 산

솔바람 졸고 있는
차운 바위 틈

다람쥐 목을 씻는
작은 옹달샘

달도 별도 내려 앉아
쉬어가는 곳

고요 속에 퍼져가는
시천주侍天主
주문呪文소리

용담정: 경주시 현곡면 구미산에 자리한 천도교 성지

호미곶

접시꽃 피어있는
바닷가 마을

물안개 휘돌면
새벽은 새댁같이 옷고름 풀고
수줍게 펼쳐 놓는 비단결 햇살

꽃잎 곱게 물든 날엔
물빛 맑은 영일만에 청보리 익고

맞잡은 손
포근히
찾아오는 연인

통증

너랑
통화를 하고
목소리를 듣고 나면

나는, 왜
가슴이 먹먹한지
한참 먼 하늘만 쳐다보아야 하는지

가르쳐 줄래

노을

허름한 주막집 마주 앉은 두 노인
막걸리 한 주전자 앞에 두고
아무 말 없다
주거니 받거니 빈 잔 채워주며
그윽한 눈빛만 오가는 동안 모래시계처럼
시간은 조용히 비워졌고
주전자 무게도 점점 가벼워져 갔다
뒤이어 노을빛 젖어있던 도심 골목에
어둠 채워질 즈음
마지막 잔 비우고 일어서며
조용히 내미는 손
친구야, 내일 또 보자
그래, 잘 놀았다
한 마디씩 나누고 휘적휘적 걸어가는 골목길
초저녁 고운 노을
노인의 등 뒤를 물들이고 있다

빛

빛이
스며드는 곳에는
기쁨이 있다

빛이
들지 않는 곳
미래를 꿈꾸는
희망이 있다.

빛을
찾아 가는 길에는
태양의 기다림 있다

춘몽春夢

꽃샘바람과 황사비가 한차례 지나간 후
환하던 벚꽃길이 일시에 어두워졌다 어둑해진 바닥에 떨어진 꽃잎들
아스팔트에 달라붙어
파닥거릴 때
검은 구두가 그 흔적마저 지우고 갔다.

참, 짧은 생生이었다.

제2부

등

우리 식구 등대고 사는 집
아들 녀석 등은 서 마지기 논배미 같은데
마주치면 슬며시 내미는 등
무논 바닥 매듯 긁어 주고 두드려 주면
무심히 사라지는 등 뒤엔
아비인 내가 서 있다
잠들 때 뒤척이는 어린 손자도
텃밭만한 등 쓰다듬어 새근새근 꿈나라로 보내면
구부정하게 잠들어 있는
사래 긴 산밭 같은 아내의 등 또 눈에 밟힌다
산밭에 돌 고르듯
피로에 물든 등 달래고 나면

어린 자식 등 토닥여 주다
모로 누워 뒤척이던,
태산 같았지만 외로운 줄 몰랐던 아버지 등
자꾸 그리워지는 밤

물봉선화

 내가 뭐 감출게 있다고 남의 속까지 들여다보며 이실직고하라고 닦달인지, 버선코 뒤집듯 뒤집어 보일 수는 없지마는 남에게 해코지 안하고 생강뿌리 같은 손으로 열심히 산 죄 밖에 없으니 남의 속에 카메라까지 집어넣어 요리조리 살피고 그런 거 하지 마소.
 아이고, 그래요.
 나 시장판 장사치답게 난장싸움 몇 번 한 거 이실직고 하지요. 걸쭉한 욕도 좀 해봤소. 악착같이 사느라고 인간구실 다 못해도 여기저기 베풀면서 욕심 없이 살아왔소.
 암,
 암!
 아는 사람 다 알잖소.

 삼성의료원 암 병동 672호실
 창밖 멀리 북한산 능선에 넙죽 붙어있는 바위_盤를 바라보는 그녀, 산을 넘듯 걸어온 길의 얼룩을 촉촉한 눈빛으로 지우고 있다. 물봉선화 같은 여린 여자로 다시 돌아와 누워 있다.

꽃무늬 모자

논두렁 온갖 꽃으로 치장 합니다
제비꽃 민들레 자태를 뽐낼 때 온갖 들꽃
옹기종기 어우러져 핍니다
따사로운 햇살 얹힌 꽃무늬모자 자상한 눈길로
꽃들을 반겨주고 있습니다
꽃들도 꽃무늬 모자를 쳐다봅니다
휠체어를 밀고 있는 등 뒤로 먼 산비둘기
무거운 울음 툭 던져줍니다
못자리 할 때 되었다고 꽃무늬 모자 아래
오목한 입 웅얼거립니다
들길 지나 시냇물을 건너고 산비알 돌아오면서
진달래 한아름도 태웠습니다
꽃무늬 모자 쓴 노모 얼굴에 함박꽃 피고
산과 들 모두 꽃밭이 되었습니다
한 해의 봄이 노모 얼굴 환하게 비추던 그날,

이제 가슴 속
먼 옛날 봄이 되었습니다

아들에게

새벽별 졸고 있을 때쯤 집을 찾겠지
조심스러운 발소리
널 반기는 건 잠귀 밝은 강아지뿐 나는
언뜻 잠이 깨도 너의 귀가를 모른 척한다
어디서 하릴없는 시간 죽이며
젊음을 탕진하고 왔는지
알아도 모르고 몰라도 아는 게 아비란다
청춘은 부풀어 오르는 데
답답한 마음 받아 줄 곳 어디 있겠느냐
지상의 수많은 발바닥도 군살이 박혀야
험준한 산맥을 넘는다
땅속 씨앗들 차디찬 어둠 뚫는 투지 있어야
푸른 하늘을 볼 수 있단다
세상사 자갈길 같아도 뿌리 내릴 자리 있겠지만
시간은 기다리지 않는다
알을 깨고 나오는 여린 피부 아픔을 쾌감으로 느끼며
군살 온몸에 박힐 때까지
세상을 향해 거침없이 몸을 던져라

모두 너의 몫
온갖 역경과 과감하게 맞서라, 사내답게.

모성

딸이 제 아들 낳아서 키우는 것을 보며
어머니가 나를 어떻게 키웠는지 알 것 같았다
아내가 자식들 애써 키울 때는
짐작조차 하지 못했던
모성의 땀방울 이제 조금 알 것 같다
저 어린 어미가 제 아이를 위해 끼니를 놓치고
밤잠을 줄이고
요리책을 펴 놓고 주방을 오갈 때
손바닥만한 아기 옷을 정성 다해 개고 있을 때
짠하게 젖어드는 마음자리에 내 어머니가 앉아 계신다
들일 밭일에 오 남매 치다꺼리까지
궁핍과 고단의 일상들은
마른 콩대가 타듯 어머니 애를 태웠을 것이다
어머니의 온기로 데운 아랫목에서
어머니의 젖을 먹으며 여린 내 뼈 단단해져 갈 때
어머니의 몸 활처럼 휘어지고
어머니의 마음 밖으로 나간 나는
어머니의 일생 손톱 밑 가시로 박혀 살았다

어머니의 유택은 볕 잘 들고 바람길 막힘없는 자리에 모셨지만
　어머니가 나를 키운
　어머니의 가슴이 내겐 천하제일 명당임을 알겠다
　딸과 어린 손자를 보며
　이제 사 철들어 가는 철없던 내가 보인다

뱁새와 동생

손에 잡힐 듯 말 듯 고향 집 우물가
통통 튀며 놀던 작은 새
고사리 손 몇 번 허탕 쳤을지 송송 이마에 땀 맺힌
어린 동생 손에서
작은 새 한 마리 불쑥 내민다

"형아, 잡았다"

뱁새의 심장 콩닥거리는 내 손아귀
동생 눈길 머물고
자랑스러운 표정으로 칭찬 한마디 기다리는데
순간,
포로롱 무리 속으로 날아가 버린 새

아쉬움 짙게 밴 동생 눈빛에서 원망 서린 마음 읽을 때
느닷없는 동생 울음 우물가에 스민다

50여 년 전 고향 집 풍경 한 자락 생각날 때면

아직도 미안한 마음의

빚

지워지지 않는다

준이와 이모와 터닝메카드 벽화

부리부리한 눈 우람한 주먹
꿈과 모험의 세계로 달려가는
터닝메카드와 놀며
준이는 동심의 세계로 흠뻑 빠져들고 있다
결혼식장에서 이모가 결혼해
슬퍼진다던 세 돌 박이 이젠 일곱 살인데
터닝메카드 보다 좋은 이모는
미운 이모부 따라 서울로 가고
이모가 그려준 터닝메카드 벽화와 장난감만
준이 꿈을 어루만지며 놀아주고 있다
솜사탕 같은 보고픔을 해맑은 웃음에 실어
터닝맥카드와 함께
오늘도 이모 향해 달려간다
"이모, 보고 싶어! 빨리 와
안 오면 내가 간다"
준이의 목소리가 세상 맑게 햇살처럼 퍼져간다
터, 닝, 메, 카, 드.

일몰의 시간

퇴근 후 사내가 벽에 못을 박는다
피하고 싶지만 체면을 세울 수 있는 유일한 종목이다
완고한 콘크리트 벽 저항을 무너트리려
일합을 겨룬다
사내의 힘과 벽의 저항 사이
머리에 불꽃 튀도록 얻어맞은 못 드디어
벽에 박혀 숨 멎을 때
사내의 체면은 딱 그 높이만큼 잠시 출렁거릴 것이다
만약 못의 허리를 부러트리거나
사방으로 튀어 다니면
사내의 체면에는
아린 손가락만큼 피멍 들 것이다

멀찌감치 물러서 있던 아내 시선
콘크리트 벽 같은 사내 등에 측은지심으로 박히는
일몰의 시간

퇴근 후
사내가 아내의 명을 받아 벽에 못을 박는다

따뜻한 이별

저녁 산책길,
마을 어귀에만 오면 서로 눈치를 본다
옛길을 좋아하는 그녀
지름길로 빨리 가자는 나
결국
헤어져 각자 선택한 길을 간다

긴 동행 후 짧은 이별
서로를 생각하는 시간이다

그녀와 걷는 길에 수시로 나타나는 갈림길
이별을 선물하는데
이별 끝의 길은 언제나 또 만남이다

다시 손잡고 걸음 옮길 때
짧은 이별 속 이야기가 또 새롭다

당신의 잠

소파에 앉아 잠든 모습 고개는
왼쪽 비스듬하고 안경은 코끝에 얹혀있군
깍지 낀 손가락 사이, 꿈의 제1막
배꼽 근처에서 달콤하게 익고 있군
꿈속 풍경 얼굴에 번지는 미소로 더듬어 지네
고개 다시 오른 쪽으로 기우는 순간
꿈의 제2막 시작되겠지
깍지 낀 손 풀리고 꿈의 제1막 탁자위에 내려놓는군
식은 커피 잠시 출렁거렸다는 걸
당신 알지 못하겠지
깜빡 토막잠으로 고운 꿈 꿀 수 있을지 모르겠군
내가 꿈속으로 따라가
꿈길 비질이라도 해주고 싶지만,
그냥 숨소리마저 죽이고 있기로 했지
당신 고개가 바로 설 때까지
안경이 제자리를 찾을 때까지
음악마저 소음 되는 고요한 세상에서
잘 자라, 당신

사랑채

박 넝쿨 천천히 영역 넓히는 중이다
계절 오는 소리 귀 기울여
걸음마다 하얀 꽃 풋대처럼 내려놓았다
잠자리 꼬리 붉어지도록 가을 볕 퍼다 날랐지만
시간의 무게 견디지 못해 기우는 지붕
깊은 주름 패여갔다
지붕에 쌓인 햇볕 겨우 풋대를 찾아
몸 추스릴 때 시간은
주름진 골 따라 낙숫물처럼 떨어졌다
계절은 자리를 바꾸고
사랑채 방문은 지나던 찬바람이 닫고 갔다
태양은 서서히 몸 낮추었다
어둠을 틈 타
무서리가 내리자 결국
사랑채 주인은 방문을 열지 못했다
돗바늘 같은 바람
마른 잎 모아 오래된 집 수의를 짓기 시작했다

기일忌日

현고처사 아버지 우릴 보러 오신다
등에 지게를 진 채
지게에 참꽃 한 다발 얹은 채,
아랫목에 앉아
따신 밥 한 그릇 비우시고 또 나무 한 짐 더하러
산으로 가신다
우리는 둘러 앉아 아버지 떠나시는 줄도 모르고
음복술을 마시고,
산을 내려오신 현비유인 어머니 쪽진 머리
산나물 보따리 무겁다
무거운 보따리 속 허기진 어머니 비녀
땀에 젖어있다
서둘러 밥을 안치고
산나물 씻으시는 어머니 손길 바쁘다
우리는 제비새끼처럼
이젠 노랗지도 않은 입 빠끔거리며 어머니 밥을 먹고
음복술 마신다
어머니 다시 산으로 떠나신 줄도 모르고

외가

어머님 모시고 수시로 찾던 외가
어머님 기일 예닐곱 번 지나도록 찾지 못했다
병환으로 지낸 십여 년
양지바른 산기슭에 어머님 모시던 날
외숙은 숨죽여 어깨를 들먹였다
그날 이후 찾아간 외갓집 어귀에서
터지는 눈물 참지 못해
끝내 마당에 들어서지 못했다
어머님 기일 앞두고
다시 찾아간 외가는 옛 모습 그대로 나를
반기고 있었지만
내 그리움의 화석 된 외숙, 이제
성치 못한 몸으로
석양처럼 앉아 외가를 지키고 있었다
세상에서 가장 포근했던 집 한 채
질화로 같이 식어가고
돌아서는 등 뒤로 외숙 눈길 떨어지지 않았다

입소문

죽도시장 어귀 터 잡은 작은 식당
찰진 맛에 상냥한 안주인 솜씨 더하여
맛 집으로 입소문 퍼져갔다
소문은 하늘까지 퍼져 숯불 피우는 처마 위로
가던 달 멈춰 입맛 다실 때
둥지 튼 제비부부 지지배배 노래하고
남쪽으로 떠날 때는 식당 안까지 날아들어
인사하고 가는 집
시장 상인, 선남선녀, 직장인들 모두모두
정겹게 저녁시간 음미하고 나면
수양버들 주인 내외 고개 숙여 배웅하는 집
목젖 시린 서민들
힘겨웠던 하루 옹골차게 채워주며
덤으로 얹어주는 살가움에 맛을 더하고
휘어진 등골 쭉 펴게 하는
죽도시장 어귀에
죽도숯불식당 다소곳이 자리 잡고 있다

꽃그늘 등에 지고

삼겹살 불판을 끌어안고 앉은 우리는
매일 만나도 반갑다
가슴 시리다 아무도 말하지 않았지만
옹이 박힌 손마디와 허옇게 저무는 이마에
살가운 농 한 마디
오가는 눈빛은 언제나 봄날이다
시답잖은 이야기 폭탄주 섞고
거친 듯 뱉는 말씨에 속엣 마음 쌈하여
건배, 건배 또 건배
홀씨같이 날아 온 도심 틈새 들풀처럼 터 잡고
서로 꽃이 폈다 졌는지 아직 피우지 못했는지
생각할 겨를 없이 살았지 싶다
꽃그늘 등에 지고 늘어지게 살잔 얘기 몇몇 해를
굴렁쇠 마냥 돌아갔지만
매번 동네 근처만 뱅뱅 돌던 징글징글
징그러운 동무들
삼겹살에 소주 한 잔
헤어질 땐 핏줄처럼 돌아보고 또 돌아보며

동무야, 한 마디 던지고
호랑나비처럼 팔랑팔랑 손 흔드는 동무야, 동무야

제3부

소

쓸쓸한 저녁
늘어진 어깨 추스르며 돌아오는 소
소떼들
터벅터벅 발자국 소리
잔등 가득 노을만 한 짐 싣고 돌아오면
노을 삼킨 꽃
툭, 떨어지는 골목으로 들어서는 남자
검은 도포처럼 휘감기는 어둠 속
수직으로 추락하는
먼 하늘 별똥별
잠들지 못하는 소들의 눈
뒤척이는 남자의 꿈속으로 걸어가는
소떼들
소들의 울음소리

마지막 건배

버려진 소주병 속으로 빗물이 파고든다
빗물이 든 만큼
바람 한 줌 자리를 바꿔 앉는다
거리에서 죽은 청춘의 심장은 아직 살아 있다
휘파람 불며 마지막 건배를 위해
빈 병을 채우고
비에 젖은 채 걸어오는 제 그림자를 기다린다
소주병 내력은
신념에 찬 기억들로 몸살을 앓았다
금지된 구호를 외치던
격정의 몸부림 메아리도 없이 사라졌고
절망의 늪에 빠진 지독한 불면을 살피기 위해
밤마다 머릿속에 촛불을 켰다
한시도 멈추지 않는 바람의 발길질은
소주병 주둥이에서 휘파람 소리만 키우고 있다
씻김굿 추는 빗줄기 발바닥 빈 병 속으로
걸어가고 있다
폐허의 무덤 속으로
봉인되지 않은 구호들 파고들고 있다

보름달과 숨바꼭질

나는 아주 독한 마음으로 보름달을 씹어 먹기로 했지. 달빛 때문에 통 잠을 잘 수 없었거든. 머릿속까지 덜 익은 수박처럼 허옇게 만들어 버리는데 도저히 용서할 수 없었어. 처음엔 용모가 아까워서 하루 한 입씩만 베어 먹으며 그를 용서하려고 했어.

그렇게 보름정도 베어 먹으니 다 먹어 치우겠더군. 아, 그런데 또 살금살금 헛배가 부르더니 이젠 아예 나를 잡아먹으려고 해. 그래서 아예 삶아 먹기로 마음먹었지.

뗏장을 두어짐 뜯어다 마당 한 가운데 가마솥을 걸었지. 우물물 가마솥 철철 넘치도록 가득 채웠는데 땔감이 문제더라고. 맨 날 달이 올라타고 헤죽거리던 나무 한 그루를 베어 땔감을 만들어 버렸지. 모진 놈 옆에 있다 벼락 맞은 게지.

간을 맞추기 위해 왕소금 한 바가지를 솥에 부어 넣고 달이 떠오르기만 기다렸는데 벌써 눈치를 채었는지 아무리 기다려도 떠오르지를 않아. 제법 밤이 이슥해지자 희끄

므레 하던 밤이 갑자기 뽀얗게 변하더라고. 하늘을 쳐다보니 어느새 밤하늘 중간까지 걸어와서는 구름 뒤에 숨어 빼죽이 얼굴 내밀고 염탐을 하고 있는 거야. 얼른 솥뚜껑을 열고 몸을 숨겼지. 바보처럼 물이 찰랑거리는 가마솥을 제 집인 냥 떡하고 들어앉는 거야. 얼른 뚜껑을 덮고 밤새도록 장작불을 지폈지.

솥뚜껑 사이로 눈물이 주루룩 흐르더군. 그래도 자꾸 불꽃을 높였지. 김이 푸르륵 나고 쐑쐑거리는 소리 요동을 치더라구. 엄청 뜨거워하는 모양이더라고. 나중에는 솥뚜껑이 다 들썩거렸거든. 조금 불쌍한 생각도 들었지만 눈 딱 감고 일을 저질렀지. 그러다 새벽이 오더군. 뚜껑을 열어보니 달이 아주 폭 삶겨서 국물도 없이 하얗게 변해있더군.

한 숟갈 퍼 먹으니 좀 짜더라구. 그래도 어쩌겠어. 작심을 하고 만든 달 요리인 걸. 물을 마셔가면서 그걸 혼자 다 먹어치웠지. 그래서 어쨌느냐고? 뭘 어째. 그 날 밤 내가 삶아 먹은 달하고 비슷한 놈이 또 밤마다 어기적거리더군. 아마 싸구려 짝퉁이겠지, 뭐. 신경 안 쓰기로 했어. 그 날 이후 불면증을 고쳤거든. 만약에 또 병이 도지면 짝퉁이든 뭐든, 이번에는 짚불구이를 해먹을 생각이네. 자네도 한 번 해 봐.

예민한 골목

재개발지역으로 지정된 마을
도마뱀 꼬리처럼 장마전선은 팔닥거린다
노란 장화를 신은 아이 찰방찰방 물웅덩이 밟고 지나가는 골목
어슬렁 다가 온 바람 가을 문고리를 슬며시 흔든다
여름내 잎만 키우던 오동나무 골목에 세든지 몇 해가 흘렀는지
비 멈칫하는 사이
비에 씻긴 골목 민낯이 낯설다

장맛비 그치면 또 몇몇 집들 골목을 떠날 것이다
구멍가게 평상 위에 구름 펑퍼짐한 엉덩이 걸치고 구름
노인들 한숨 섞인 걱정거리에 귀 기울인다
촉수 예민한 골목의 말초신경엔 슬픔과 분노가 발효되고 있다
재개발은 장마처럼 지루한 화두만 던져놓고
규제 그물로 마을을 덮어 놓았다

＜

　곧 차가운 바람 유령처럼 골목을 점령할 것이다

　마을은 오래된 흑백영화처럼 서서히 아주 서서히 늙어가고

　재개발 올가미 걱정거리는 오랫동안 마을에 머물 것이다

광어와 넙치

제 몸 수의로 덮고 누운 넙치는
쏠린 눈망울로 또록또록 우리를 쳐다본다
숨결은 저무는데
떠들썩한 대화에 끼어들 듯 뻐끔거리는 입
검푸른 파도 달려 와
한 움큼 바닷바람 아가미로 밀어 넣자
꼬리지느러미 가늘게 떤다
한 평생 바닥 어둠이었지만
배밀이로 살아도 옹골차게 살아왔을 넙치
지난한 몸짓을 생각하면
등골 터지는 좌파 우파 싸움판에
이골 난 우리가
좌로 눈 쏠린 광어와
우로 눈 쏠린 도다리 구분하는 것은 의미 없는 일
자연산 넙치의 육질을 찬양하며
좌우가 별것이냐며
한 마디씩 내려놓는 말씀 좌충우돌할 때
횟집에 둘러앉은 사람들 배가

무덤처럼 부풀어 오른다
자연산 넙치의 육장肉葬을 치르고 있는 우리,

슬픔을 이기는 방법

마음이 슬픔을 가누지 못해 휘청거릴 때
어느 어두운 골방에라도
찾아들어
꺽꺽 울어버려라
가슴에 구멍 뚫리고 시원한 바람 한 줄기 들이쳐
마음 닦아줄지 모를 일이다
먹구름처럼 하늘에 쌓인 우주의 찌꺼기들
소나기 한 줄기가 씻어버리듯
가슴 깊이 쌓인 설움도
조금은 씻어질지 모를 일이다
어둠 속에 옹크리고 앉아 나를 지워버리고
자궁 속 태아처럼
처음의 시간으로 돌아가 볼 일이다
세상이 버거울 땐
소나기 같은 눈물 쏟아버려라
첫 울음으로 세상에 나의 존재를 알렸던 사람들
가슴이 뚫어질 때까지

이화하숙

옛 포항역 앞 벌집 마을에 이화하숙이 있었다
벌을 유혹하던 립스틱 누님들
붉은 조명 아래 다리 꼬고 있으면
남몰래 곁눈질로 훔쳐보며 콩닥거리던 집이었다
하숙비 싸다고 엉겁결에 짐 풀고
새파란 젊음도 야하게 물들던 집이었다
아침 밥상머리에서
낯선 누님들 수다와 은어들 귀에 익어갈 즈음
세상 가장 쓸쓸한 구석을 알고 말았다
다시 짐 싸고 하숙 옮길 때
진한 아쉬움 하나 슬쩍 흘리고 온 집이었다
아직 남아있는 이화하숙 간판을 보면
배꽃 같은 웃음에 몸 하나 밑천 삼던
그녀들 안부가 궁금해진다
미로 같았던 이화하숙 골목보다
더 미로 같은 길 더듬으며 살던 여인들
또 누가 이화하숙 대문 덜컥 열어 재칠까 봐
그 집 앞 지날 때마다 마음 짠하다

꽃밥

이팝꽃이 피었어요
누가 하얀 쌀밥을 수북하게 담아 놓았을까요
밥인지 꽃인지
하늘이 눈부셔 쳐다 볼 수 없네요
이팝꽃 핀 공원은 아주 큰 밥상이 되었어요
누가 저 밥을 다 먹을 지
참 걱정이네요
햄버그를 뜯으며 걸어가는 아이들 팔짱 낀 연인들은
피자집 골목으로 사라지네요
푸짐한 밥그릇엔 관심 없나 봐요
버려진 젓가락처럼
공원 벤치에 누워있는 사람
반쯤 벌어진 캄캄한 입속으로 꽃잎이 흘러내려요
허공을 날아가던 새들 앉아
밥을 먹네요
지나가던 바람도 밥을 먹네요
양떼구름 슬금슬금 걸터앉아 밥을 먹고 가네요
누굴 위한 밥상인지 알 것 같네요

막노동 하루

철강공단 공사판 막노동 김씨
해지면 어김없이 찾아오는 먹자골목
소주병이 먼저 탈탈 먼지를 털며
술잔을 건넨다
막노동 하루 자투리로 남은 시간
너덜해진 몸통 질통처럼
짊어지고 온 김씨
돼지껍데기 불판에 올리며
독한 술로 피의 흐름 점검해 본다
마른강 적시듯 술기운 돌면
소주 잔 속에서 주섬주섬 살아나는 오장육부
제 자리에 앉혀놓으면
제철소 용광로보다 더 뜨거워지는 심장
세상사 별거냐 삿대질 하다
돼지껍데기 왕소금에 찍어 씹고
끝내, 짜다 더럽다 씨팔,
순한 눈망울에 용광로 불꽃 파랗게 타 오른다

모래알

도심 속으로 분주히 오가는 사람들
표정 없는 얼굴을 CCTV는 찬찬히 지켜보고 있었는데
한 남자의 실종 소식
무책임한 농담처럼 도심을 떠돌았다
가족들도, CCTV도 남자의 행방을 좇지 못했다
수일 후 한적한 해변에서
젖은 모래 끌어안고 발견된 남자
지문을 꾹꾹 누르자 화려했던 이력 모래처럼 쏟아졌다
집과 직장을 이어주던 반듯했던
걸음에 비춰 어긋난 길을 사람들은 인정할 수 없었다
몸을 열어 잘못된 흔적을
찾아보려 했지만
이미 수첩에는 하루하루 무게가 너무 무겁다고
기록되어 있었다
수첩에 남긴 사진 속 그는 웃고 있었지만
모래알 같은 일정에 눌린 그는 끝내 일어나지 못했다

연극 같은 하루

모닝콜 소리는 경쾌하다

지붕 위 새벽은 해를 끌어다 풍선처럼
묶어놓았다
유령처럼 오가던 골목 길 사람들 벌써
일터로 떠나고 없다
쓰레기봉투 찢던 고양이와 폐지 모으는 노인은 밤새
친구가 되었다
동백꽃은 부푸는 꽃잎 열다 닫았지만 아무도
눈치 채지 못했다
지붕 위 비둘기 집에는 출입구가 없고
해는 혼자 낄낄거리고
사람들은 제 멋에 겨워 산다
모닝콜이 울리기도 전 연극 같은 하루는 막이 올랐다
배우들은 역할에 몰입할 뿐
객석에 앉은 사람은 코를 골거나 잡담을 하거나
스스로 배역 찾아 떠나면 된다

모닝콜은 날마다 경쾌하게 울린다

삶 밖의 일

집게발은 검은 비닐테이프로 묶여있다
바다를 향해 문을 연,
바다를 조금 떼어다 만든 수족관에서 게들은 탈출을 꿈꾼다
먼 수평선을 향해 툭 불거진 눈 안테나로 세우고
유리벽 긁으며
서로의 가슴팍 파고들어 몸을 숨긴다

연신 수증기 뿜어대는 찜통
결박 풀린 게들
허공을 저어 서로 등 긁으며 깍지 낀다
거역할 수 없는 절망의 순간은 캄캄하기만 하다

웃음도 울음도 뱉어버린 빈 밥그릇 같은
버려진 등껍질에 햇살 소복하다
죽음마저 풍경으로 남아 바람결에 몸 흔들리며 지워지고 있다

모두 삶 밖의 일이다

북채가 우는 밤

피 토하듯 노래하는 각설이 그림자가
북채 위에 얹혀 춤을 춘다
두둥두둥 두두둥둥
북채가 허공을 찢는다
각설이 땀방울에 그림자도 젖는다
두둥두둥 두리둥둥
해지는 저녁 파장의 장터에서 북채가 운다
각설이 고무신에 눈물이 고인다
모두가 돌아간 자리에
별빛 고이고
달빛 흐르고
배고픈 어둠 새벽을 기다리고 있다

새벽은 쉬 오지 않고
보름달만 밤새 장터를 지키고 있다

방파제

날개 꺾인 바닷새
낚시꾼 떠난 방파제에 홀로 앉아있었다

울고 있는 듯
가끔 작은 죽지를 파닥거렸다

등대가 깜빡
먼 수평선을 살피는 동안 밤이 찾아왔다

밤낮 파도를 벗 삼던
사내
밤새 바닷새 되어 훨훨 날아가 버렸다

쓰러진 빈 소주병
마저
파도는 너울너울 말없이 거두어갔다

제4부

등대

해가 저물 때 즈음이면
뚜벅뚜벅
바다로 나가 파도의 몸부림을
달래는 사내

어둠 깊어지는
방파제 끝자락 하염없이 붙들고 서서
물기 젖은 어둠을
쓸어내는 사내

모질게 찾아오는 해풍 툭,
차고 가도
미동도 않은 채
밤바다 멀리 그리움의 눈빛만
날리는 사내

시월

터질 듯 부풀은 쪽빛
하늘을

가만히 찔러보는 바지랑대
끝

햇살에 익어가는 매운
꼬리를

까닥까닥 털다 잠든
고추잠자리

겨울

내 몸이 무겁다
훌훌
벗어 버리고 싶다

첫눈 위에 남아있던 발자국처럼
모두
떠나보낸 후
홀로 지워지고 싶다

빙벽

적막강산이다

바람소리 새소리도 겸손해진다

보름달 터질 듯 부푼다

묵언 속에 숨긴 말씀 서늘하다

곧 쏟아지겠다

살아있는 것은 모두 정지해있다

고요한 기다림의 시간이다

면벽수행 노승의 등짝이다

한나절 봄날

꽃처럼 지는 일이 어디 쉬운 일인가

다툼 없이 피어나던
한나절 봄날
절정에서 곱게 지는 꽃 이파리들

봄여름가을겨울
피고 또 져도
짧은 생生 꽃잎은 춤사위로 여무는데

벚꽃 그늘 환한 날은
홀로 외로워
떨어지는 꽃 이파리 겨울 눈 같다

봄바람

하늘에 수억의 나비 떼 군무를 춘다

어둡고 추웠던 형벌을 인내한 나무들의 산고
가볍게 흩어진다

이 생과 저 생을 옮겨가는 몸짓은
연애같이 달콤하여 아찔한 유혹이 하늘을 덮는다

팽팽하게 물올라 부풀다 터지는 꽃, 꽃들

빈 가지를 봄바람 어루만진다

벚꽃 그늘 아래 가슴이 부풀어 오르는
사람과 사람
사이
꽃잎이 진다

가을

바람 불지 않아도 은행잎 떨어지는 계절입니다

은행잎 깨진 유리조각이면 좋겠습니다
유리조각에 맞아 붉은 피 흥건하게 몸 물들인다면
조금 덜 쓸쓸할 것 같습니다
물든 몸으로 단풍든 산의 일부가 된다면 외롭지도 않을 것 같습니다

은행나무 멱살을 잡고 싶습니다
벌벌 떨며 가진 것 모두 쏟을 때까지 닦달하다
멀리멀리 도망칠 생각입니다
누가 숨 차오르게 쫓아오면 좋겠습니다

식은땀 흘리며 도망가다 억새 숲에 몸 숨기겠습니다
별마저 유리조각처럼 쏟아질 때
반듯이 누워 텅 빈 가슴 열어놓겠습니다

바람 불지 않아도 별들 차갑게 떨어지는 계절입니다

날아라, 토룡

비 갠 오후의 마당 까치가 날아와
토룡 한 마리 물끄러미 내려다보고 있다
고개를 갸웃거리고
잠시 먼 하늘을 바라보기도 하는 듯
급할 것 없는 몸짓

지렁이 서체로 문장을 쓰는 토룡의 몸짓 순진하다

톡!

토룡이 날아간다
까치의 몸을 빌려 날아가는 토룡
지상에 쓴 짧은 문장 한 줄 완성되지 않았는데
어둠 털고
날아가는 서녘 하늘 노을이 짙다

날아라, 토룡

비 갠 오후의 마당 다시 적막해졌다

오랜 고행

장맛비 지나간 날 오후 어느 절 마당
비에 씻긴 나뭇잎
오랜만에 햇살 받아 일광욕중인데
장미넝쿨, 동백나무 가지, 모과나무 밑동, 파초 잎
빈 집 같은 매미 허물 매달려 있다
나무를 포옹한 채
눈과 더듬이 발까지 완벽한 모습이다
텅 빈 투명의 껍데기는
다시 돌아오지 않을 제 몸통 노랫소리 들으며
올 여름을 보낼 것이다
껍데기만 남기고 몸도 마음도 훨훨 떠나보낸 오랜 고행 끝,
 저 해탈의 흔적

대웅전 부처님 장지문 사이 온화한 미소 흘리시며
한 말씀,

던지신다, 허虛 허虛 허虛

수평선을 향하여

기차는 모두 잠든 밤에만 출발한다
기적을 울리지 않고 떠나는 기차는 잠들지 못한 사람들만 태운다
차표는 시린 바람, 찢어진 꽃잎, 아니면 모난 돌멩이 하나를 가슴에 품은 사람들
누구나 기차를 탈 수 있다

동쪽으로 향한 철로는 기차가 떠날 때만
레일을 깔고
침목으로 베개를 받친다
기차가 도착하는 역은 아무도 모른다

다만 철로는 해 돋는 수평선을 향해있다

기차가 떠난 철로는 남은 자의 가슴에서 길이 된다
그 길을 더듬으면
바다로 가는 기차를 탈 수 있다
다음 출발 시간은 아직 정해지지 않았다

까치가 있는 풍경

 기차는 겨울 들판을 달리고 있다
 빈 가지 바람에 흔들리고 낯선 풍경들 튀쳐나와 멀어지고 있다
 새벽에 뿌리던 눈송이
 어느새 사나운 폭설로 휘몰아쳤다

 눈을 감고 말았다
 거두지 못한 눈길 차창 밖에 던져놓은 채

 빈 가지 까치 낡은 둥지와 함께 꿈결 속으로 데려가고 싶었다

 하지만 나는 잠들지 못했고
 조각난 꿈 겨울 풍경 속으로 날려 보내야만 했다
 눈발은 잦아들지 않았다

 기차가 멈춰서는 날은
 까치가 새끼 치는 봄날이었으면 싶다

공空

사람들은 모두 어디로 사라져버렸나, 나 혼자 우두커니
텅 빈 길 위에 서있다
친구야, 불러도 대답이 없고
아저씨, 불러도 대답이 없다
어두운 거리를 서성거리는 유령 같은 그림자
툭, 어깨를 친다
누구세요?
나랑 닮은 사내가 서 있다
안녕하세요?
말이 없다, 영혼 없는 허방이다
바람도 불지 않는다
도심의 낯선 모퉁이에서
어둠의 문고리를 잡고 기다리는 나의
새벽 오지 않을지 몰라
가로등 아래 무겁게 쌓이는 삶의 비늘
어둠의 행간을 더듬으며
길을 찾는다, 사라진 사람들을 찾는다, 어디 계세요?

애월항

첫사랑 같은 이름 마음에 젖어들었다
멀지도 가깝지도 않은 곳
옥색 바다 치마처럼 펼쳐놓고 파도의 주름으로
아코디언을 연주하는
가늘고 긴 손가락 닮은 길들 따라
조가비 같은 집
올망졸망 거느리고 시간의 장단 튕기는 항구 마을
떠돌이별도 오래 머물다 가는 섬엔
첫사랑 같은 만남 있었다
이름만 불러도 살포시 품에 안길 듯
약간은 애달픈 여자 모습 떠오르게 하는 애월
아무도 몰래 마음에 품게 된 나는
항구의 등대 되어
파도에 실려 오는 가락지 같은 달까지 사랑하고 싶다
항구가 해무에 몸 숨긴 날은
하품 속에 녹아내린 지루함 맴돌아도
변함없는 등대 되어 그곳, 애월에 살고 싶다

금장낙안

금장낙안 예기청소에는
바람이 불 때마다 뒤척이는 물결이
무녀도를 그린다.
북천과 서천이 몸을 섞고
솔숲은 넉넉하게 바람을 만들고 있다.
모화가 넋을 푼 예기청소에
금장대 절벽 위 곱게 핀 꽃송이 몸을 던지면
무녀의 옷자락 물비늘 반짝이며
신춤을 춘다.
금장낙안 기러기 떼
날개 쉬어 가는 길
이끼 낀 이야기 한 모금씩 물고 떠난
예기청소에
모화는 세월을 접어 살고
바람에 씻기며 떠나는 것은
물결 위에 나붓대는 구름 그림자뿐이다.

견인구역

짧은 치마를 입고
바바리코트를 걸치면 더 잘 어울리겠지
검은 스타킹에 검은 부츠를 신고 검은 장갑을 끼도록 해
단풍 든 이파리 훌훌 벗어버리고
추위 타는 너를 위해 따뜻한 꿈을 데워주고 싶어
바람 한 뭉치 자전거 바퀴살을 빠져나오는 순간
자물쇠가 바퀴를 잠가버렸군
배고픈 벌레는 마지막 이파리를 갉아 먹어버렸나 봐
빈 가지가 휘파람 불고 있어
그런다고 여름내 울던 매미가 돌아오지는 않지
시간은 흐르지만 보이지 않고
보이는 건 모두가 정지해 버렸어
여기는 주정차금지 견인구역, 나도 정지해 있어
견인되는 시간을 기다려 보기로 하지
햇볕이 식기 전에
바바리코트를 입도록 해
짧은 치마와 검은 스타킹에 검은 부츠가 잘 어울리겠지
마른나무 한 그루와
나도 겨울 속으로 견인되어 가야겠어

네 송이 해바라기

우린 모두 한 줄기에서 태어나진 않아도 형제였지
아비가 누구인지
어미가 누구인지는 관심 밖의 일이였지
우리는 노랗게 빛났고
배후는 어둡고 침침하기만 해
태양이 심장에 박힐 때마다 씨앗은 촘촘하게 여물어갔지
죽음을 준비해야한다는 걸 직감으로 알아챘을 때
벌써 줄기가 잘린 채
화실에 가지런히 누워있었지
화가는 애정 어린 눈으로 우릴 보고 있었던 거 같아
나는 맨 앞에서 얼굴을 찡그렸고 너는 내 뒤에 얼굴을 반쯤 가린 채 숨어 있었고 또 다른 너는 세상이 궁금한 듯 삐죽 내다보고 있었고 맨 뒤의 너는 아예 얼굴을 바닥에 눕히고 엎어져 버렸지
아랫도리가 허전했지만 화분에 꽂혀 사는 비굴함보다
시원하게 시드는 것이 더 상쾌했는데
화가는 우리를 영원히 살 수 있게 캔버스에 옮겨놓았지
시들지 않는 꽃으로

이제 태양은 없어도 돼
사랑이 쏟아지는 눈동자가 태양인거지
영원한 생명은 캔버스 위에서 향기 없는 꽃을 피웠고
여기는 고흐의 화실, 1897년

해설

달을 씹어 먹는 시인
−최해춘의 시 세계

김선학(문학평론가, 동국대학교 명예교수)

노을을 삼킨 꽃

최해춘의 시에 이런 구절이 있다.

'노을 삼킨 꽃' 「소」 6행

이 구절은 최해춘의 시를 이해할 수 있는 주요한 열쇠 중 하나다.

'노을'과 '꽃'은 시각에 호소하는 이미지다. '삼킨'은 촉각과 관계하는 심상이다. 시각을 촉각으로 변환시켜 '꽃'의 모습을 형상화 한 것이라고 파악할 수 있는 구절이다. 노을을 삼킨 꽃은 '잔등 가득 노을만 한 짐 싣고 돌아오'는 소와 오버랩되면서, 시「소」는 '뒤척이는 남자의 꿈 속으로 걸어가는/ 소떼들/ 소들의 울음소리로' 마감한다.

최해춘의 시는 이처럼 겹쳐지는 감각의 중첩을 통해서 사람 사는 일의 어떤 허망함 혹은 일상사 속에서 겪는 슬픔을 '소들의 울음소리'처럼 잔잔하지만 퉁탁하고 무겁게 이 시집의 시들 속에서 말하고 있다.

사내는 그녀 가슴에서 붉은 열매을
훔쳐 먹고 갔다
도둑맞은 가슴 오랫동안 보랏빛 꽃 피어 있었다
진한 향기 뿜으며
속살 깊은 곳까지 박힌 뿌리는 몸살을 앓았다

사내의 소식 전하는 우체부 무시로
다녀가곤 했다
너무 많은 편지가 배달되어
침대 머리맡이나 창 너머 공원 벤치에 쌓이고

나뭇가지에 걸려 있었다
다 읽지 못한 문장은 풀벌레와 새들 훔쳐 읽으며
몸을 붉혔다.

하루해는 붉은 산다화로 피었다 땅거미 질 무렵
툭 목을 꺾었다

사내는 그녀 새벽잠 속에 걸어왔다
뜨거운 가슴에서 홀씨 쏟아지고 꽃밭에서 온갖 꽃들
다투어 피기 시작했다
굵은 땀방울 꽃밭에서 일구어 갔다

「꽃밭에서」 전문

  떠나 버린 사내를 그리워하는 마음이 쏟아져 꽃밭을 이루었다고 잔잔하게 '슬픔'을 배제하면서 말한다. 잔잔한 슬픔이 소들의 울음소리로 전환되듯이 가버린 사랑의 아픔을 꽃밭으로 시인은 전환해 놓는다. 그리움으로 발버둥치고 격렬하게 이별의 아픔에 오열하지 않는다. 다만 잔잔하게 아픔의 자리에 꽃밭을 일구어 놓는다. 붉은 노을을 삼킨 꽃으로 소 울음을 말하는 것과 같은 맥락이다.
  최해춘의 시들은 이처럼 아픔을 격렬하게 풀어놓지 않는다. 다만 조용하게 응시하면서 공감각이라 말할 수 있는 이미지를 통해 잔잔하면서 담담하게 펼쳐놓는다. 그러면서 결코 그 아픔에 대해 무심하거나 무념하지는 않는다. 그는 그것을 이렇게 인식한다.

    태풍이 지나가는 들녘에 서서

아귀 같은 바람과
상처들의 아우성 온몸을 때릴 때
태풍의 진원지가 내게도 있음을 곧 알았다

태풍을 몰고 오는 바람은 바로 나였다
「태풍의 언덕」 부분

  태풍의 바람이 바로 '나'라는 말 속에서 격렬한 삶 속에서의 정감들을 갈무리 하고 응시하는 그의 시적 시선을 알 수 있다.
  요컨대 최해춘의 시들은 시에 드러내 놓지 않는 격렬함을 가슴에 갈무리한다. 시집 속 그의 시들이 너무 밋밋하고 평범하거나 어떤 경우 지나치게 설명적이라고 느끼는 것은 거기에 연유가 있다고 보아진다.

슬픔을 이기는 방법

철강공단 공사판 막노동 김씨
해지면 어김없이 찾아오는 먹자골목
소주병이 먼저 탈탈 먼지를 털며
술잔을 건넨다
막노동 하루 자투리로 남은 시간

너덜해진 몸통 질통처럼

짊어지고 온 김씨

돼지 껍데기 불판에 올리며

독한 술로 피의 흐름 점검해 본다

마른 강 적시듯 술기운 돌면

소주 잔 속에서 주섬주섬 살아나는 오장육부

제 자리에 앉혀놓으면

제철소 용강로 보다 더 뜨거워지는 심장

세상사 별거냐 삿대질 하다

돼지 껍데기 왕소금에 찍어 씹고

끝내, 짜다 더럽다 씨팔

순한 눈망울에 용광로 불꽃 파랗게 타 오른다

「막노동 하루」 전문

  막노동자가 하루 일과를 끝난 후의 모습을 형상화했다.
  그러나 너무 설명적이고 밋밋하다. 그의 노동에 대한 슬픔과 아픔은 고스란히 빠져 있고 다만 그의 술잔 비우는 모습을 통해 '순한 눈망울에 불꽃 파랗게 타오른다'라고만 시인은 표현하고 있다. 이 경우 노동자의 아픔과 슬픔을 가능하면 메타퍼를 통해 이미지화 했다면 더욱 읽는 사람에게 시적으로 다가설 수 있었을 것이다. 많은 부분 최해춘 시의 약점을 여기서 볼 수 있게 된다.

마음이 슬픔을 가누지 못해 휘청거릴 때
어느 어두운 골방에라도
찾아들어
꺽꺽 울어버려라
가슴에 구멍 뚫리고 시원한 바람 한 줄기 들이쳐
마음 닦아 줄지 모를 일이다
먹구름처럼 하늘에 쌓인 우주의 찌꺼기들
소나기 한 줄기가 씻어버리듯

가슴 깊이 쌓인 설움도
조금은 씻어질지 모를 일이다
어둠 속에 웅크리고 앉아 나를 지워버리고
자궁 속 태아처럼
처음의 시간으로 돌아가 볼 일이다
세상이 버거울 땐
소나기 같은 눈물 쏟아버려라
첫 울음으로 세상에 나의 존재를 알렸던 사람들
가슴이 뚫어질 때까지

「슬픔을 이기는 방법」 전문

 비교적 강한 톤으로 '슬픔을 이기는 방법'을 말한다. 역시 설명적이긴 하지만 슬픔에 대한 강한 이미지 그리고 그것을 극복하는 보다 강렬한 시적 형상이 없어 밋밋하고 설명적이란 평가에서 자유롭지 못할 것이다. 그러나 이 정도의 잔잔하지만 비교적 강한 톤은 최해춘 시에서 보기 드문 것이며 이런 부분은 이 시집의 여러 편 시에서 볼 수 있는 매우 긍정적인 부분이라고 하지 않을 수 없다.

「보름달과 숨바꼭질」이라는 작품에서 시인은 '나는 아주 독한 마음으로 보름달을 씹어 먹기로 했지'라고 말한다. 보름달을 씹어 먹는 시인은 그 이유를 '달빛 때문에 통 잠을 잘 수 없었거든, 머릿속까지 덜 익은 수박처럼 허옇게 만들어 버리는데 도저히 용서할 수 없었'기 때문이라고 말한다. 그렇지만 「달과 숨바꼭질」은 달을 씹어 먹는다는 매우 탁월한 이미지에도 불구하고 지나친 서술적 표현으로 느슨한 시적 긴장을 가져왔다고 판단할 수밖에 없도록 한다.

시적 수련의 축적

이 시집에서 가장 빛나는 시편들은 1부의 「용담정」을 비롯한 보다 짧은 시편들이다. 이 시편들은 주로 4부에 편성되어 있다.

(가) 터질 듯 부풀은 쪽빛

하늘을
가만히 찔러보는 바지랑대
끝

햇살에 익어가는 매운
꼬리를

까닥까닥 털다 잠든
고추잠자리

「시월」 전문

(나) '꽃처럼 지는 일이 어디 쉬운 일인가

다툼 없이 피어나던
한나절 봄날
절정에서 곱게 지는 꽃 이파리들

봄여름가을겨울
피고 또 져도
짧은 생生 꽃잎은 춤사위로 여무는데

벚꽃 그늘 환한 날은
홀로 외로워

떨어지는 꽃 이파리 겨울 눈 같다

　　　　　　　　　　　　　　　　「한나절 봄날」 전문

　(가)는 시적 대상을 오롯이 소묘한 단상斷想이다. 눈에 선히 들어오는 이미지를 축약한 언어로 다듬어놓은 것은 보통의 시적 수련으로는 어려운 것이다. 오랜 동안의 시적 수련의 축적이 빚어낸 가편佳篇이라고 말하지 않을 수 없게 한다.

　(나)에서 최해춘은 이제 자연의 현상에서 삶의 지혜를 발견해낸다. '꽃처럼 사는 일이 어디 쉬운 일인가'라는 탁월한 아포리즘이야말로 이 시집 전체에서 가장 가슴을 치는 절편이 아닐 수 없다. 최해춘의 오랜 시적 수련에서 얻어낸 보석 같은 작품이 아닐까.

　또 한 편 「빙벽」 역시 그렇다. 전문을 옮겨 본다.

　　적막강산이다

　　바람소리 새소리도 겸손해진다

　　보름달 터질 듯 부푼다

　　묵언 속에 숨긴 말씀 서늘하다

　　곧 쏟아지겠다

살아 있는 것은 모두 정지해있다

　　고요한 기다림의 시간이다

　　면벽수행 노승의 등짝이다

　최해춘의 시적 출발은 농익은 서정성이었다. 그의 서정은 경주와 포항이라는 시적공간에서 아직은 문명의 때가 비교적 덜 묻은 것이었고 그것은 소중한 것이었다. 그럼에도 오히려 그 서정은 당대의 시적 조류에서 비켜선 자리에 있는 것이 사실이었다.

　달은 예부터 서정적인 대상이었다. 정통적인 서정시에서 달은 언제나 서정의 표상이었다. 중국문화권이었던 우리는 이백, 두보 등에서 달에 대한 서정의 이미지를 마음껏 받아들였음을 얼마든지 확인할 수 있다.

　최해춘은 보름달을 씹어 먹는다고 했다. 그가 지금까지 추구했던 서정을 씹어서 새롭게 변화된 서정을 시로서 보여줄 수는 없을까. 잘 씹어 소화된 또다른 서정성은 그의 정통적인 서정시의 세계를 확장시켜 줄 것이다.

　최해춘의 시적 행로를 그동안 비교적 소상히 살펴온 탓에 그의 시가 조금은 변신해야 할 것이란 생각을 늘 해 왔었다. 이번 시집에서 그의 시세계는 달을 씹어먹는듯한 자세로 변신을 시도하고 있다고 생각하였다. 종래 그의 서정적 시의 세계가 이 시집의 시편들에서 변화하고 있는 것을 그래서 알 수 있었다.

　설명적인 시편들은 그가 또 다른 서정의 세계를 구축하기 위한 하나의 과도기적 현상이 아닐까 라는 생각을 가지게 했다.

　그의 짧고 압축된 이미지의 시들은 이제 하나의 경지에 왔음을 확인하게 해준다. 이들 시에서 만나게 되는, 살아온 연치年齒에 걸맞는 아포리즘은 그의 시가 앞으로 어떤 방향으로 나아가야 할 것인가를 그에게 암시하고 있음을 최해춘은 알아야 할 것이다.

최해춘 崔海春

경북 경주시 현곡면 가정리 출생. 계간 『서정시학』 2006년 등단. 현재 『미래서정』 문학지를 발간하는 서정시학회 회장으로 봉사하고 있으며 경주문인협회와 시in동인 등으로 문학 활동에 참여하고 있음. 천상병 문학비 건립(지리산 중산리) 및 천상병문학제 추진위원등을 역임.

서정시학 시인선 155
슬픔을 이기는 방법

2019년 05월 20일 초판 1쇄 발행

지 은 이 · 최해춘
펴 낸 이 · 최단아
펴 낸 곳 · 도서출판 서정시학
인 쇄 소 · 상지사
주　　소 · 서울시 서초구 서초중앙로 18, 504호 (서초쌍용플래티넘)
전　　화 · 02-928-7016
팩　　스 · 02-922-7017
이 메 일 · lyricpoetics@gmail.com
출판등록 · 209-91-66271

ISBN 979-11-88903-25-2 03810

계좌번호: 국민 070101-04-072847   최단아(서정시학)

값 11,000원

* 잘못된 책은 바꾸어 드립니다.

이 도서의 국립중앙도서관 출판예정도서목록(CIP)은 서지정보유통지원시스템 홈페이지(http://seoji.nl.go.kr)와 국가자료공동목록시스템(http://www.nl.go.kr/kolisnet)에서 이용하실 수 있습니다.(CIP제어번호: CIP2019015034)

서정시학 시인선 목록

001 드므에 담긴 삽   강은교, 최동호
002 문열어라 하늘아   오세영
003 허무집   강은교
004 니르바나의 바다   박희진 ■
005 뱀 잡는 여자   한혜영 ■
006 새로운 취미   김종미
007 그림자들   김 참 ■
008 공장은 안녕하다   표성배
009 어두워질 때까지   한미성
010 눈사람이 눈사람이 되는 동안   이태선
011 차가운 식사   박홍점
012 생일 꽃바구니   휘 민
013 노을이 흐르는 강   조은길
014 소금창고에서 날아가는 노고지리   이건청 ■
015 근황   조항록
016 오늘부터의 숲   노춘기 ♣
017 끝이 없는 길   주종환
018 비밀요원   이성렬
019 웃는 나무   신미균
020 그녀들 비탈에 서다   이기와
021 청어의 저녁   김윤식
022 주먹이 운다   박순원
023 홀소리 여행   김길나
024 오래된 책   허현숙
025 별의 방목   한기팔 ■
026 사람과 함께 이 길을 걸었네   이기철 ◉
027 모란으로 가는 길   성선경 ♣

029	동백, 몸이 열릴 때	장창영
030	불꽃 비단벌레	최동호 ♣ ♣
031	우리시대 51인의 젊은 시인들	김경주 외 50인
032	문턱	김혜영
033	명자꽃	홍성란
034	아주 잠깐	신덕룡
035	거북이와 산다	오문강
036	올레 끝	나기철
037	흐르는 말	임승빈
038	위대한 표본책	이승주
039	시인들 나라	나태주
040	노랑꼬리 연	황학주 ◉
041	메아리 학교	김만수
042	천상의 바람, 지상의 길	이승하 ◉
043	구름 사육사	이원도
044	노천 탁자의 기억	신원철
045	칸나의 저녁	손순미
046	악어야 저녁 먹으러 가자	배성희
047	물소리 천사	김성춘 ♣ ♣ ♣
048	물의 낯에 지문을 새기다	박완호 ♣
049	그리움 위하여	정삼조
050	샤또마고를 마시는 저녁	황명강
051	물어뜯을 수도 없는 숨소리	황봉구
052	듣고 싶었던 말	안경라
053	진경산수	성선경
054	등불소리	이채강 ♣
055	우리시대 젊은 시인들과 김달진 문학상	이근화 외
056	햇살 마름질	김선호 ♣

057	모래알로 울다	서상만 ♣
058	고전적인 저녁	이지담
059	더없이 평화로운 한때	신승철
060	봉평장날	이영춘 ♣
061	하늘사다리	안현심
062	유씨 목공소	권성훈
063	굴참나무 숲에서	이건청 ■
064	마침표의 침묵	김완성
065	그 소식	홍윤숙 ♣
066	허공에 줄을 긋다	양균원
067	수지도를 읽다	김용권 ♣
068	케냐의 장미	한영수
069	하늘 불탱	최명길 ♣
070	파란 돛	장석남 외
071	숟가락 사원	김영식
072	행성의 아이들	김추인 ♣
073	낙동강 시집	이달희
074	오후의 지퍼들	배옥주
075	바다빛에 물들기	천향미
076	사랑하는 나그네 당신	한승원
077	나무수도원에서	한광구
078	순비기꽃	한기팔
079	벚나무 아래, 키스자국	조창환 ●
080	사랑의 샘	박송희
081	술병들의 묘지	고명자
082	악, 꽁치 비린내	심성술
083	별박이자나방	문효치 ■ ♣
084	부메랑	박태현

085	서울엔 별이 땅에서 뜬다	이대의
086	소리의 그물	박종해 ♣
087	바다로 간 진흙소	박호영 ■
088	레이스 짜는 여자	서대선
089	누군가 잡았지 옷깃,	김정인
090	선인장 화분 속의 사랑	정주연 ♣
091	꽃들의 화장 시간	이기철 ■
092	노래하는 사막	홍은택 ■
093	불의 설법	이승하 ♣
094	덤불 설계도	정정례
095	영통의 기쁨	박희진
096	슬픔이 움직인다	강호정 ♣
097	자줏빛 얼굴 한 쪽	황명자 ■
098	노자의 무덤을 가다	이영춘 ♣ ♣
099	나는 말하지 않으리	조동숙
100	닥터 존슨	신원철 ■
101	루루를 위한 세레나데	김용화
102	골목을 나는 나비	박덕규 ♣
103	꽃보다 잎으로 남아	이순희
104	천국의 계단	이준관 ■
105	연꽃무덤	안현심 ♣ ♣
106	종소리 저편	윤석훈 ■
107	칭다오 잔교 위	조승래 ■
108	둥근 집	박태현 ■
109	뿌리도 가끔 날고 싶다	박일만 ■
110	돌과 나비	이자규
111	적빈赤貧의 방학	김종호 ■
112	뜨거운 달	차한수 ■

113 나의 해바라기가 가고 싶은 곳   정영선 ■
114 하늘 우체국   김수복 ■ ♣
115 저녁의 내부   이서린 ■
116 나무는 숲이 되고 싶다   이향아
117 잎사귀 오도송   최명길
118 이별 연습하는 시간   한승원
119 숲길 지나 가을   임승천
120 제비꽃 꽃잎 속   김명리 ■
121 말의 알   박복조 ♣
122 파도가 바다에게   민용태
123 지구의 살점이 보이는 거리   김유섭
124 잃어버린 골목길   김구슬 ♣
125 자물통 속의 눈   이지담 ■
126 다트와 주사위   송민규
127 하얀 목소리   한승헌
128 온유   김성춘 ■
129 파랑은 어디서 왔나   성선경 ■
130 곡마단 뒷마당엔 말이 한 마리 있었네   이건청 ■
131 넘나드는 사잇길에서   황봉구
132 이상하고 아름다운   강재남 ■
133 밤하늘이 시를 쓰다   김수복 ■
134 멀고 먼 길   김초혜 ■
135 어제의 나는 내가 아니라고   백 현 ■
136 이 순간을 감싸며   박태현
137 초록방정식   이희섭 ■
138 뿌리에 관한 비망록   손종호 ■
139 물속 도시   손지안
140 외로움이 아깝다   김금분

141	그림자 지우기	김만복
142	The 빨강	배옥주
143	아무것도 아닌, 모든	변희수 ■
144	상강 아침	안현심
145	불빛으로 집을 짓다	전숙경
146	나무 아래 시인	최명길
147	토네이토 딸기	조연향
148	바닷가 오월	정하해
149	파랑을 입다	강지희 ■
150	숨은 벽	방민호
151	관심 밖의 시간	강신형
152	하노이 고양이	유승영
153	산산수수화초초	이기철
154	닭에게 세 번 절하다	이정희

♣ 문학상 ■ 세종도서 문학나눔 ● 문화체육관광부 우수교양도서